圧力鍋1分加圧で手作りカレー

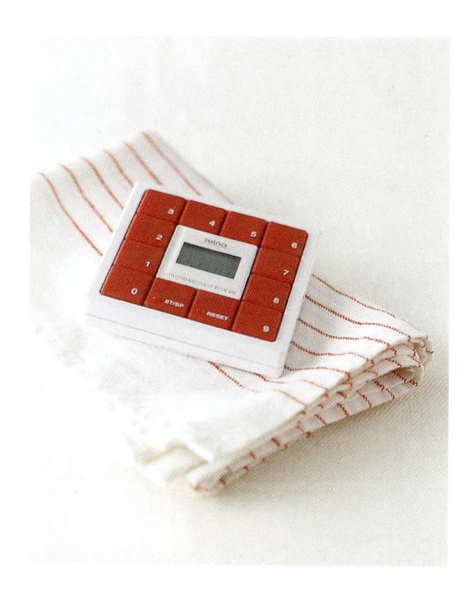

村上 祥子

CONTENTS

- **4** 手間、時間、ガス・電気代を大幅カット！
  「1分レシピ」は、
  何度も試作をくり返して生まれた究極の圧力鍋レシピです。
- **6** これが、1分カレーです！
- **8** ムラカミ流　1分カレーのおいしい秘密
- **10** レシピのポイント
  覚えておきたい、部品の名前

みんな大好き！　1分カレー

- **12** ビーフカレー
- **14** ひき肉カレー
- **16** ちびっこカレー
- **17** パパ用激辛カレー
- **18** 豆カレー
- **20** 野菜カレー
- **22** タイカレー
- **24** シーフードカレー
- **26** ドライカレー
- **27** ミートソース

ムラカミ流　その場勝負！の1分煮物

- **30** 肉じゃが
- **32** 大根のふろふき風
- **33** コロコロ和風ポトフ
- **34** ラタトゥユ
- **35** なすと豚ひき肉の煮物
- **36** なすと干しえびの煮物

じんわりおいしい！　1分汁物

- **38** 豚汁
- **40** いかけんちん汁
- **41** 石狩風里芋汁
- **42** ミネストローネ
- **44** ピエンロウ
- **46** チャウダー
- **47** ブリ大根汁

本格派の味！　1分シチュー

- 48　くるくるビーフシチュー
- 50　ブイヤベース
- 51　博多風水炊き
- 52　チキンクリームシチュー
- 54　ポークビーンズ
- 55　ボルシチ

目からうろこ！　1分中華

- 56　マーボー豆腐
- 58　マーボーなす
- 59　マーボー春雨
- 60　煮豚と煮卵
- 61　手羽先の黒酢煮

浸水時間なし！　3分ごはん

- 62　白ごはん／玄米ごはん／豆ごはん
- 64　シンプルパエリア
- 66　チーズとアスパラのリゾット
- 68　おかゆ定食
- 69　中華がゆ

もどさず使える！　乾物で1分煮物

- 70　切り干し大根の煮物
- 72　ひじきの煮物
- 73　凍り豆腐と干ししいたけの煮物

74　圧力鍋クッキング、おいしく作る12のコツ

78　圧力鍋、使い方の注意！
　　圧力鍋、使用前のチェックポイント

【本書のきまり】

● 本書はトロー圧力鍋3ℓ（(株)ワンダーシェフ）を使用していますが、レシピは各メーカー共通です。

● トロー圧力鍋3ℓは内圧78kp（キロパスカル）、ステンレスでアルミを間にはさんだ外側ステンレス・内部アルミの全面3層構造で、電磁調理器にも使えます。

● 本書では落としぶたとして圧力鍋用の蒸し板を使用しています。お手持ちの落しぶたを使う場合は、鍋の中が120℃近くなるのでステンレス製かシリコン製のものがおすすめです。

● 計量単位は、1カップ＝200㎖、大さじ1＝15㎖、小さじ1＝5㎖、1合＝180㎖です。

● レシピ内では、加圧という言葉を使っていませんが、「おもりが勢いよく揺れ始めたら弱火にし、1分煮て火を消す」の、1分煮て（レシピによっては2分）が加圧をしている時間です。

手間、時間、ガス・電気代を大幅

「1分レシピ」は、何度も

生まれた**究極の圧力鍋**

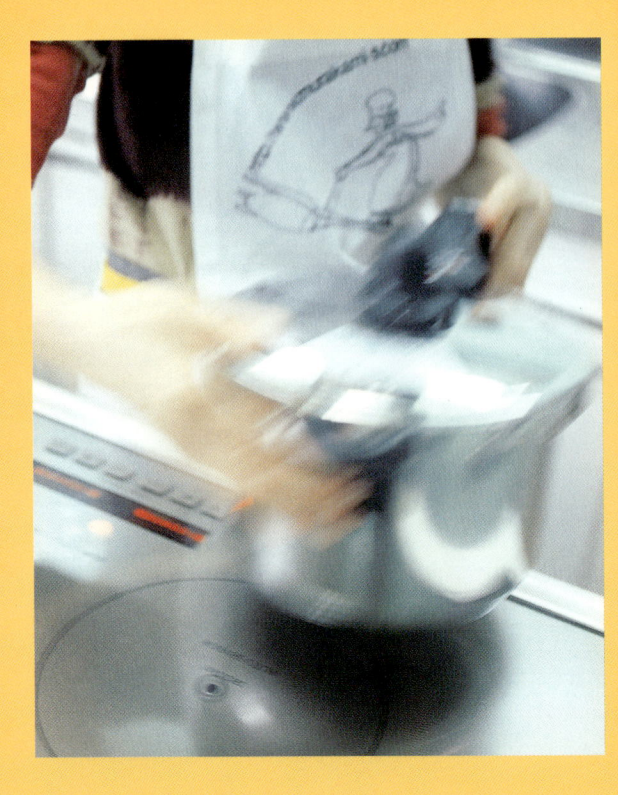

カット！
試作をくり返して
レシピです

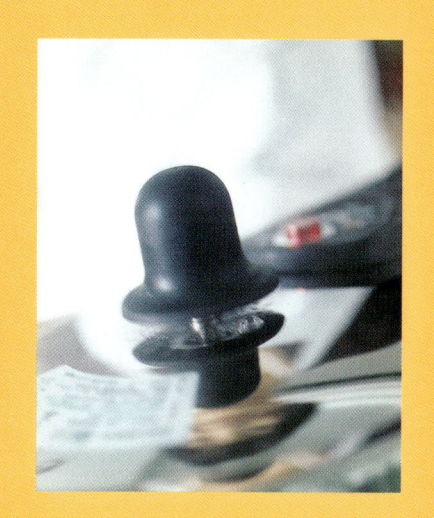

　圧力鍋を使い始めて30数年。
家族のために、圧力鍋をヨイショとひっぱり出してきては豚もものかたまり肉や、かたいすね肉をとろりと煮込んできました。
　時間はグンと短縮するのにじっくり煮込んだようにできる圧力鍋ですが、周囲にたずねてみると、「持っているけどしまったまま」、「出番は、たまのごちそうのとき」との声が圧倒的。
　私は、かたまり肉を柔らかく煮込むために圧力鍋クッキングを始めましたが、今では、ひき肉でも薄切り肉の料理のときでも圧力鍋を取り出しています。ということは、ふだんの料理に使っているわけですね。そして、使えば使うほどわかってきました。同じ薄切り肉でも圧力鍋で煮込むのと、ふつうの鍋で煮込むのではかたい筋の部分のとろけかたが全く違うことを。
　圧力鍋を持っている方にもっと活用してもらえたらと、みんなが好きな「カレー」を1分加圧で作ることに挑戦、試行錯誤をくり返して生まれたのが、今回紹介する究極の圧力鍋レシピです。
　材料を切って、鍋に入れて、ふたをして、強火で沸騰させて、あとは弱火で1分加圧するだけで美味しい手作りカレーができちゃうのです。
　この本では、3ℓの小容量の圧力鍋を使用しました。
この容量の圧力鍋は、小さくて軽く、これまでの重くて扱いづらい圧力鍋のイメージを一新。
　もちろん、5ℓ、6ℓ、7ℓの圧力鍋でもこのレシピは使えます。
　「1分おかず」もご紹介しました。「1分おかず」は圧力がかかるため、旨味の抽出度がはるかに高く、油をグンと控えても、抜群の味になります。健康的にやせたい方、糖尿病が気になる方、そして毎日が忙しくて料理する時間がない方に使っていただけたらと思います。

村上祥子

これが、1分カレー

です！

お肉、ジューシー

じゃが芋、ほっこり

きのこ、しゃきしゃき

カレーはとろ〜り

素材のうま味が効いています。

圧力鍋で加圧すること、たったの1分！
1分たったら火を消して、
あとはそのままおいておくだけで、
圧力鍋が素材のうま味をググッと引き出し、
栄養をギュッと閉じ込めてくれます。
食べてびっくり、
時間をかけて煮込んだ味が1分で作れます。

ムラカミ流 1分カレー

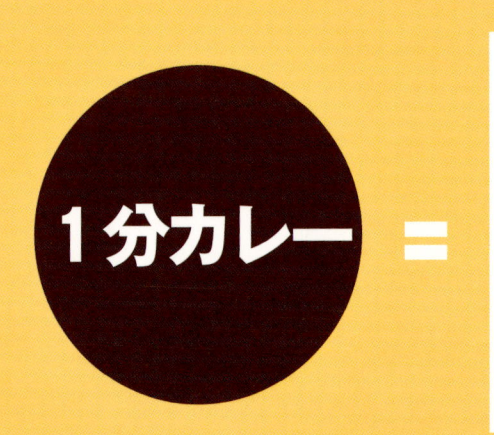

1分カレー = [小容量の圧力鍋 +

1分の秘密

- 小容量（3ℓ）でも、鍋の中は高温高圧。最高118℃にもなります。
- 小容量の圧力鍋は、沸騰するのが早い！
- 少人数家庭にぴったりの大きさ。3ℓの容量で、ちょうど2～3人分の料理が作れます。
- 小ぶりで軽い！だから料理作り&後片づけが楽。

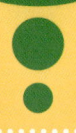

圧力鍋のしくみ

普段、私たちが暮らしている状態は1気圧です。1気圧の下では、水は沸騰しても100℃までしか上がりませんが、気圧を上げると沸騰温度も上がります。圧力鍋は、本体とふたを密着させて密封状態を作り、鍋の中を高温高圧になるようにしたものです。

大容量の圧力鍋でも、1分カレーは作れます

圧力鍋の場合、容量が大きくなっても沸騰後の加圧時間は変わりません。
同様に材料が2倍になっても、沸騰後の加圧時間は半量のときと変わりません。本書のレシピは2人分の材料で加圧時間1分のものがほとんどですが、大容量の圧力鍋で4人分を作っても加圧時間は1分のままです。ただし、沸騰するまでの時間と蒸らし時間は多少長くなります。

のおいしい秘密

[**火の通りやすい素材** + **できあがり量ぴったりの水分**] × **1分加圧**

肉は薄切り肉、ひき肉を使用

1分の秘密

● 火の通りにくい素材を短時間で調理できるのが圧力鍋。

● その圧力鍋で、火の通りやすい薄切り肉やひき肉を調理したならば……。1分でやわらかく、うま味を逃さずお料理できる！

野菜は小ぶりに切る

1分の秘密

● 1分で火の通る大きさに切ればよいのです。

● やや小ぶりの一口大が、大きさの目安。

● 1分加熱でじゃが芋はほっこり、にんじんはやわらかく煮上がります。

1分の秘密

● 圧力鍋は密閉状態で加熱するので、水分がほとんど蒸発しません。

● だから、普通の鍋のように、加熱中に蒸発する分を多く加えなくてよいのです。

● 余分な水分を加えない分、早く沸騰するのもうれしい！

ふたをあけたら*、カレールウを**ポンッ**で、できあがり！

*圧力が下がるまで自然放置

レシピのポイント

圧力鍋クッキングのレシピには、特有の用語や言いまわしがあります。
次の6つは本書のレシピで頻繁に登場する表記です。
料理を作る前に、ぜひお読みください。

1 「ふたをセットする」

ふたと本体が密閉状態になるように、正しくセットします。ふたの印と鍋本体の取っ手の印を合わせ、本体と取っ手がぴったり重なるまで、ふたを時計まわりの方向に水平に動かします。

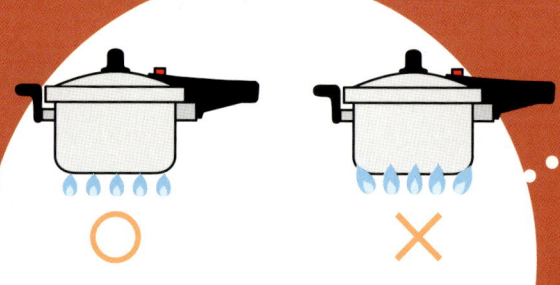

2 「圧力鍋を強火にかける」

鍋の中をできるだけ早く高温高圧にするために、ふたをセットしたら沸騰するまでは強火にかけます。このとき、ガスの炎が鍋底からはみ出さないよう火の調節に注意します。IHヒーターなら中火で加熱をスタートします。

覚えておきたい、部品の名前

- **A** おもり
- **B** フィルター
- **C** ノズル
- **D** 安全装置（フロート弁）

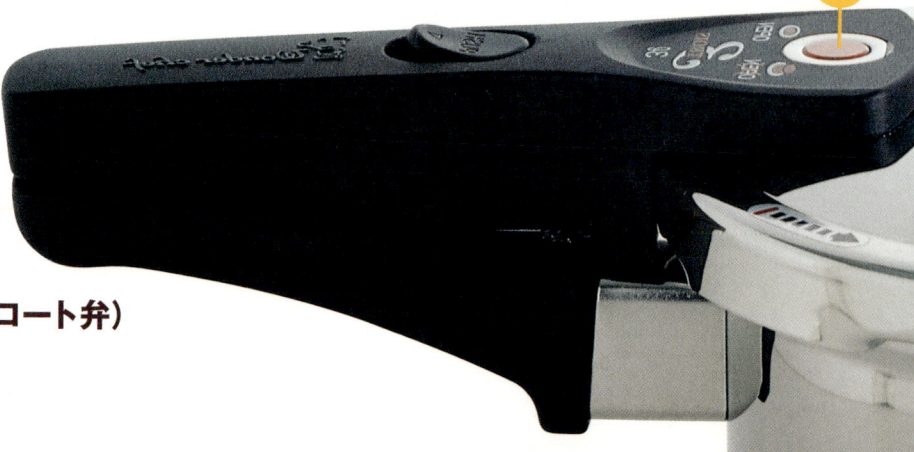

「沸騰したら……」

圧力鍋を強火にかけると、安全装置が少しずつ上がり始めますが、この時点ではまだ沸騰はしていません。安全装置が完全に上がり、おもりがシュッシュッと音を立てて勢いよく揺れ始めた状態を本書では「沸騰」といっています。

3

「弱火にして1分加熱する」

弱火とは、おもりがわずかに動き続けていて、安全装置が下がらないくらいの火かげんを指します。これで、一定の圧力が鍋の中にかかることになります。

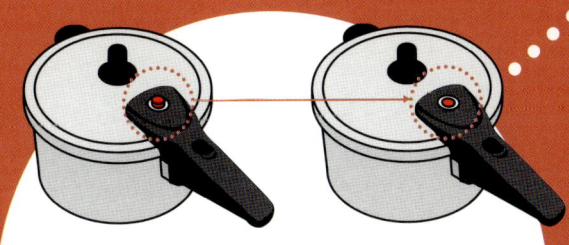

4

「安全装置がおりるまで蒸らす」

火を消した後しばらくは、鍋の中の圧は高く、温度は100℃以上あります。鍋の中の圧が下がり、安全装置がおりるまでの余熱を利用して調理するのが圧力鍋の特徴です。この余熱の調理を「蒸らす」とか「自然放置」と呼びます。火の通りやすい材料を使ったときは、「急冷」させて加圧を止めます。本書では鍋底を水に浸ける方法をとっています。

5

「ふたをとる」

安全装置が下がっていることを確認し、おもりをつまんで静かに手前に傾けます（イラスト参照）。もしも、鍋の中に圧力が残っていれば、このときシュッと蒸気が抜ける音がします。シュッという音がしなくなるのを確認して、ふたをとります。

6

A　B　C

※手入れの方法は79ページにあります。

ビーフカレー

薄切り肉を使った1分カレーの基本レシピ。
ひらひらの肉は、小さい子どもやお年寄りに
食べやすいと好評です。

みんな大好き！1分カレー

材料　2人分

牛薄切り肉	100g
玉ねぎ	1/2個
にんじん	1/2本
じゃが芋	1個
サラダ油	大さじ1
水	1 1/2カップ
カレールウ（市販品）	2皿分
マーマレード	大さじ1
トマトケチャップ	大さじ1
ごはん	適量

1人分　ごはんなしで　**270kcal**　塩分 **2.3g**

作り方

1 牛肉は広げて4〜5cm角に切る。玉ねぎはくし形切りにし、にんじん、じゃが芋は一口大に切る。

2 圧力鍋にサラダ油と肉を入れて強火にかける。肉の色が変わったら玉ねぎ、にんじん、じゃが芋を加えてさっと炒め❶、水を注ぐ❷。

❶ 炒めかげんは、野菜全体に油がまわればOK。

❷ 圧力鍋はほとんど水分が蒸発しないので、できあがり量ぴったりの水を加えます。

3 ふたをセット ➡ 1分加熱

ふたをセットして強火で加熱し、沸騰しておもりが勢いよく揺れ始めたら弱火にし❸、1分煮て火を消す。安全装置がおりるまで蒸らしてから、ふたをとる。

❸ 安全装置が上がった後、おもり（中央の黒いつまみ）が勢いよく揺れた時点から1分煮ます。

4 再度強火にかけ、カレールウ、マーマレード、ケチャップを加えて❹、とろみがつくまで煮る❺。

❹ 「ルウはふたをとってから加える」のは、圧力鍋クッキングのルールです（9、78ページ参照）。

❺ とろみがつくまで煮たら、できあがり。

ひき肉カレー

辛味の素は、なんとラー油！いろいろなスパイスを用意しなくても、深い味わいが作れます。

材料　2人分

- 豚ひき肉 …………… 200g
- グリーンピース（冷凍）
  　　　…………… 1カップ（120g）
- 玉ねぎ ……… 1/2個（100g）
- しょうが …………… 1/2かけ
- にんにく …………… 1かけ
- ローリエ …………… 1枚
- サラダ油 …………… 大さじ1
- ┌ カレー粉 …………… 大さじ1
- │ トマトケチャップ … 大さじ1
- │ しょうゆ …………… 小さじ2
- └ ラー油 …………… 小さじ1/2
- 水 …………………… 1カップ
- ナン ………………… 適量

1人分　ナンなしで　317kcal　塩分 1.3g

作り方

1　玉ねぎはみじん切りにする。しょうが、にんにくはそれぞれすりおろす。

2　圧力鍋に、しょうが、にんにく、ローリエ、玉ねぎ、サラダ油を入れて強火にかけ、炒める。

3　玉ねぎがすき通ったらひき肉を加え、泡だて器でほぐしながら肉がパラパラになるまで炒める a 。

ひき肉は泡立て器を使うと、失敗なくポロポロに炒められます。煮込む前にしっかり炒めて肉特有のにおいを抑えるのがおいしさの秘訣。

4　カレー粉を加えて混ぜ、トマトケチャップ、しょうゆ、ラー油、凍ったままのグリーンピースを加え b 、水を注ぐ c 。

ラー油を使うとほどよい辛味がかんたんに出せます。

できあがり量ぴったりの水を加えます。

5　ふたをセット　→　1分加熱

ふたをセットして強火で加熱し、沸騰しておもりが勢いよく揺れ始めたら弱火にし、1分煮て火を消す。安全装置がおりるまで蒸らしてから、ふたをとる。

みんな大好き！ 1分カレー

ちびっこカレー

1分カレーなら、ちびっこたちの「おなかすいた！」の大合唱も、あっという間に止まるはず。

材料 子ども3〜4人分

牛ひき肉	100g
サラダ油	大さじ1
玉ねぎ	1/2個
にんじん	1/2個
じゃが芋	1個
水	1 1/2カップ
子ども用カレールウ（市販品）	2皿分
ごはん	適量

1人分 ごはんなしで 130kcal 塩分 0.7g

作り方

1 玉ねぎ、にんじん、じゃが芋は、それぞれ1cm角に切る ⓐ。

ⓐ ちびっ子用なので野菜は1cm角切りにしますが、圧力鍋なら煮くずれしないで仕上がります。

2 圧力鍋にサラダ油とひき肉を入れて強火にかけ、ひき肉がパラパラになるまで炒め ⓑ、1と水を加える。

ⓑ ひき肉はもういいかな、と思ってからもうひと炒めするくらいしっかり炒めます。

3 ふたをセット → 1分加熱

ふたをセットして強火で加熱し、沸騰しておもりが勢いよく揺れ始めたら弱火にし、1分煮て火を消す。安全装置がおりるまで蒸らしてから、ふたをとる。

4 再び強火にかけ、カレールウを加え、とろみがつくまで煮る。

みんな大好き！1分カレー

材料

- ちびっこカレー ……… 2人分
- 豆板醤 ………… 小さじ1/4
- ごはん ………………… 適量

1人分
ごはんなしで
261kcal
塩分
1.7g

パパ用激辛カレー

ちびっこカレーに豆板醤を入れると、パパ用に変身。ビールに合う辛さです。

作り方

1 耐熱ボウルにちびっこカレーをとり分け、豆板醤を加えて混ぜる ⓐ 。

意外ですが、豆板醤の辛みはカレーにぴったり。量は好みでかげんしてください。

2 ボウルに端を少しあけてラップをかぶせ、電子レンジ（600W）で2分加熱する。

※電子レンジ（500W）の場合は加熱時間を2分20秒にします。

豆カレー

スパイスを炒めてから煮込む。このひと手間で香り高く、ワンランク上のおいしさに。

クスクスのカレー風味

材料 2人分

クスクス	乾1/2カップ
A { オリーブ油	小さじ2
カレー粉	小さじ1
鶏がらスープのもと（顆粒）	小さじ1/4
ローリエ	1枚
水	1/2カップ

1人分 134kcal 塩分 0.2g

1 耐熱ボウルにAを入れて混ぜ、クスクスを加えて全体をよく混ぜる。両端を5mmずつあけてラップをかぶせ、電子レンジ（600w）で2分加熱する。（500wでは2分20秒です）

みんな大好き！1分カレー

材料　2人分

- ガルバンゾウ(ひよこ豆)の水煮缶詰 ………… 1カップ
- 玉ねぎ ……………… 1/2個
- にんにく …………… 1/2かけ
- しょうが ………… 薄切り4枚
- ローリエ …………… 1枚
- 赤とうがらし ………… 1本
- クミン ……………… 小さじ1
- サラダ油 …………… 大さじ1
- A
  - カレー粉 ………… 小さじ1
  - 一味とうがらし・黒こしょう・シナモン ……… 各小さじ1/5
- B
  - トマトピューレ …… 大さじ3
  - しょうゆ ………… 小さじ1
  - 鶏がらスープのもと(顆粒) ………… 小さじ1/2
  - 塩 ……………… 小さじ1/4
- 水 ………………… 1カップ

1人分 クスクスなしで **204kcal** 塩分 **1.5g**

作り方

1 にんにく、しょうが、玉ねぎはみじん切りにする。

2 圧力鍋にサラダ油、ローリエ、赤とうがらし、クミンを入れて強火にかけ、焦がさないように軽く混ぜながら炒める ⓐ 。

> 香辛料は冷たい油から炒めると焦がすことなく、よい香りを引き出せます。これで、わずか1分加熱でもコクのある仕上がりに。

3 よい香りが立ってきたら1を加え、中火で玉ねぎがすき通るまで炒める。さらにAを加えて焦がさないように炒めて香りをひき出す。

4 ガルバンゾウを缶汁ごと加え、Bも加えて ⓑ 水を注ぐ ⓒ 。

豆などの具を入れたら、調味料を加えます。調味料は混ぜなくてOK。

水を加えたら、ふたをセットします。

ふたをセット → 1分加熱

ふたをセットして強火で加熱し、沸騰しておもりが勢いよく揺れ始めたら弱火にし、1分煮て火を消す。安全装置がおりるまで蒸してできあがり。

材料　2人分

A
- じゃが芋 …………… 100g
- 大根 ………………… 50g
- にんじん ……… 小1/2本
- 黄パプリカ ………… 1個
- エリンギ …………… 100g

サラダ油 …………… 大さじ1
水 …………………… 1カップ

B
- カレールウ（市販品）
　…………………… 2皿分
- ヨーグルト ……… 1カップ
- マーマレード …… 大さじ2
- 塩 ………………… 小さじ2

1人分
ナンなしで
333kcal
塩分
2.2g

作り方

1 じゃが芋、大根、にんじん、パプリカ、エリンギは一口大の乱切りにする ⓐ 。

野菜は大きさを揃えて切ると、火の通りが均一になります。

2 圧力鍋を強火で熱し、サラダ油を入れてなじませ、1を加えて炒める ⓑ 。じゃが芋の表面がすき通ってきたら水を注ぐ ⓒ 。

野菜は肉ほど焦げつかないので、熱した油に入れて炒めます。

炒めた野菜に水を加えたら、ふたをセットします。

3 ふたをセット ➡ 1分加熱

ふたをセットして強火で加熱し、沸騰しておもりが勢いよく揺れ始めたら弱火にし、1分煮て火を消す。

4 安全装置がおりるまで蒸らしてから、ふたをとる。再び強火にかけ、Bを加えてとろみがつくまで煮る ⓓ 。

圧力鍋は、途中でふたをあけることができません。加熱中にとろみの出るカレールウなどは、蒸気の抜け穴をふさぐおそれがあるため、加圧後にふたをとってから加えます。

みんな大好き！1分カレー

野菜カレー

仕上げに加えるマーマレードは、チャツネの代わり。冷蔵庫にあるもので手早く、おいしくがいちばん！

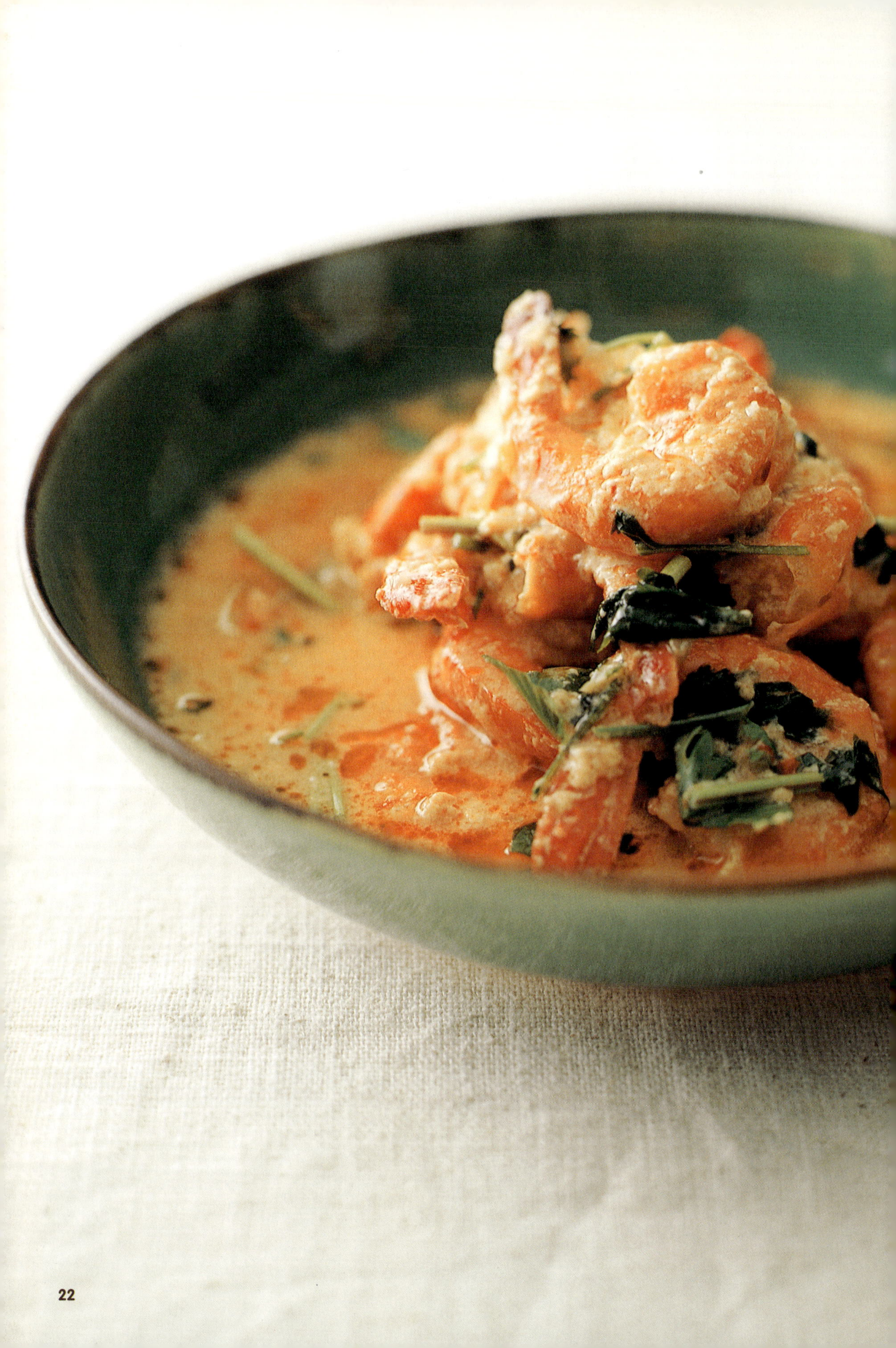

みんな大好き！1分カレー

タイカレー

こんなにかんたんなのに、お店の味に負けないできばえ。おもてなしにもぴったりの1品です。

材料　2人分

無頭えび	……	殻つきで200g
A	玉ねぎ	…………1/4個
	にんにく	…………1かけ
	しょうが	……薄切り4枚
サラダ油	…………大さじ1
B	水	…………1/2カップ
	ココナツミルク	…1カップ
	トマトケチャップ	·大さじ1
	豆板醤	………小さじ1
香菜	…………………少々

1人分
ごはんなしで
311kcal
塩分
1.0g

作り方

1 無頭えびはキッチンばさみで脚を切り、背にもはさみで切り込みを入れて、背ワタを除く **a**。玉ねぎ、にんにく、しょうがはみじん切りにする。

背ワタをとるときは、背をはさみでチョキチョキ切ってしまったほうがかんたん＆スピーディー。身に切れ目が入るので、火の通りもよくなります。

2 圧力鍋にサラダ油とAを入れ、強火にかけて炒める **b**。玉ねぎがすき通ってよい香りが立ってきたら、えびとBを加える **c**。

香辛料と同様に、香味野菜も冷たい油から炒めると焦がすことなく、よい香りを引き出せます。

調味料と水を加えて、ふたをセットします。調味料は混ぜなくてOK。

3 ふたをセット ➡ 0分加熱

ふたをセットし、沸騰しておもりが勢いよく揺れ始めたらすぐに火を消す。安全装置がおりるまで蒸らしてから、ふたをとり、2～3cm長さに切った香菜を加える **d**。

煮込むと香りが消えてしまう香菜は、ふたをとってから加えます。

シーフードカレー

「1分しか加圧していないのに、どうして？」と思うほど、シーフードのうま味が出ています。

みんな大好き！1分カレー

材料　2人分

- A
  - 玉ねぎ …………… 1/2個
  - セロリ …………… 50g
  - にんじん ………… 1/2本
- サラダ油 ………… 大さじ1
- 冷凍シーフードミックス
  ………………… 400g
- 水 ………………… 1/2カップ
- カレールウ（市販品）
  ………………… 2皿分
- 生クリーム ……… 1/2カップ
- パセリのみじん切り
  ………………………… 少々
- プチパン ………………… 適量

1人分　パンなしで
445kcal
塩分 **3.1g**

作り方

1 玉ねぎ、セロリ、にんじんは1cm角に切る。

2 圧力鍋を強火で熱し、サラダ油を入れてなじませ、**1**を加えて炒める。野菜の表面がすき通ってよい香りが立ってきたら、シーフードミックスを凍ったまま加え ⓐ 、水を注ぐ ⓑ 。

ⓐ 野菜を炒めたところに、凍ったシーフードミックスを加えます。

ⓑ すぐに水を注いでふたをセットします。シーフードミックスを炒める必要はありません。

3 ふたをセット ➡ 1分加熱

ふたをセットして強火で加熱し、沸騰しておもりが勢いよく揺れ始めたら弱火にし、1分煮て火を消す。

4 安全装置がおりるまで蒸らしてから、ふたをとる。再び強火にかけ、カレールウと生クリームを加えてとろみがつくまで煮る ⓒ 。

ⓒ ふたをとって、仕上げます。生クリームは分離しやすいのでこの段階で加えます。

5 器に盛ってパセリをふる。

ドライカレー

野菜をたっぷり使うのがムラカミ流。野菜の水分がとぶまでよく、よく炒めます。

かんたんバターライス

茶碗2杯分（240g）の温かいごはんにバター小さじ2とパセリのみじん切り少々を加えて軽く混ぜる。

1人分 232kcal 塩分 2.1g

材料　2人分

合びき肉	200g
玉ねぎ	1/2個
セロリ	50g
にんじん	1/2本
にんにく	1/2かけ
しょうが	薄切り4枚
サラダ油	大さじ1
トマトの水煮缶詰（角切りタイプ）	1/2缶（200g）
A　トマトケチャップ	大さじ2
カレー粉	大さじ1
レーズン	大さじ1
塩	小さじ1/2
こしょう	少々
バターライス	適量

1人分 ごはんなしで 283kcal 塩分 2.3g

作り方

1 玉ねぎ、セロリ、にんじん、にんにく、しょうがはみじん切りにする。

2 圧力鍋を強火で熱し、サラダ油を入れてなじませ、にんにくとしょうがを炒める。よい香りが立ってきたら玉ねぎ、セロリ、にんじんを加えて炒める。

3 玉ねぎの表面がすき通ってきたら、ひき肉を加え、ほぐしながらパラパラになるまで火を通し、トマトの水煮とAを加える **a**。

水分はトマトの水煮だけ。このように、ほとんど水分を加えずに加熱するときは、ふたをしたら中火に火力を落とします。

4 ふたをセット → 1分加熱

ふたをセットして中火で加熱し、沸騰しておもりが勢いよく揺れ始めたら弱火にし、1分煮て火を消す。そのまま安全装置がおりるまで蒸らしてから、ふたをとる。

材料

- 牛ひき肉(赤身) …… 150g
- 玉ねぎ …… 1/2個
- セロリ …… 50g
- にんじん …… 1/2本
- オリーブ油 …… 大さじ1
- トマトの水煮缶詰(角切りタイプ) …… 1/2缶(200g)
- A
  - トマトケチャップ …… 大さじ2
  - ローリエ …… 1枚
  - 塩 …… 小さじ1/2
  - こしょう …… 少々
- スパゲティ(ゆでる) …… 適量
- 粉チーズ・パセリのみじん切り …… 各適量

1人分 パスタなしで **182kcal** 塩分 **2.1g**

作り方

1 玉ねぎ、セロリ、にんじんは、みじん切りにする。

2 圧力鍋を強火にかけ、オリーブ油を入れてなじませ、**1**を加えて炒める。野菜の表面がすき通ってよい香りが立ってきたら、ひき肉を加え、ほぐしながらパラパラになるまで火を通し、トマトの水煮と**A**を加える。

3 ふたをセット → 1分加熱

ふたをセットして強火で加熱し、沸騰しておもりが勢いよく揺れ始めたら弱火にし、1分煮て火を消す。安全装置がおりるまで蒸らしてから、ふたをとる。水分が多いときは強火で煮つめる **ⓐ**。

ⓐ 圧力鍋は加熱中、水分はほとんど蒸発しません。むしろ、野菜などから水分が出ます。ふたをとってから、汁気を煮つめるひと手間を忘れずに。

4 ゆでたスパゲティを器に盛り、**3**をかけ、粉チーズとパセリのみじん切りをふる。

ミートソース

みんな大好き! 1分カレー

ドライカレーと同じ手順で作れます。ラザニアにピザトーストに、冷凍保存しておくと重宝します。

ムラカミ流
その場勝負！の
1分おかず

圧力鍋を使って、

おかずも1分で作ってしまいましょう！

めんどうな手間＆時間を省いた、

ムラカミ流ラクうまおかずです。

おふくろの味も、

思わずうなるお洒落な味もお鍋まかせで完成です。

1分おかずの基本手順

鍋に材料、
調味料、
水を入れる

ふたをして沸騰後1分加圧

火を消して、
圧力が下がるまで蒸らす

できあがり

ムラカミ流　その場勝負！の1分煮物

「野菜の煮物は、じっくり煮ないと味がしみないから……」とあきらめないで。
体にやさしい野菜の煮物が、1分加圧で作れます。

肉じゃが

1分加圧でもじゃが芋はほくほく、中まで味がしみています。これが圧力鍋ならではのワザ。

ムラカミ流 その場勝負！の 1分煮物

材料　2人分

牛薄切り肉	50g
しょうが	薄切り4枚
A　砂糖	大さじ1 1/2
しょうゆ	大さじ1 1/2
酒	大さじ1 1/2
水	1/2カップ
じゃが芋	2個
玉ねぎ	1/2個
にんじん	1/2本

1人分 200kcal　塩分 1.5g

作り方

1 牛肉は広げて3cm×3cm角に切る。しょうがはせん切りにする。じゃが芋は1個を3～4等分するくらいの乱切りにし、にんじんは、じゃが芋より小ぶりの乱切りにする。玉ねぎは1cm幅のくし形切りにする。

2 圧力鍋に牛肉を入れてしょうがを散らし、砂糖をふりかけて混ぜずに強火にかける ⓐ。ヂリヂリと牛肉が肉の脂で焼ける音がしはじめたら、しょうゆと酒をかけてほぐす ⓑ。

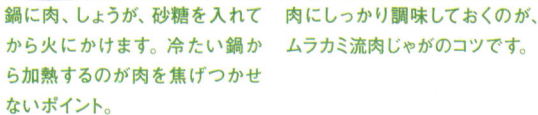

ⓐ 鍋に肉、しょうが、砂糖を入れてから火にかけます。冷たい鍋から加熱するのが肉を焦げつかせないポイント。

ⓑ 肉にしっかり調味しておくのが、ムラカミ流肉じゃがのコツです。

3 じゃが芋、玉ねぎ、にんじんを加え、水を注ぐ ⓒ。

ⓒ 野菜を入れたら炒めずに、すぐ水を加えます。

ふたをセット ⟶ 1分加熱

4 ふたをセットして強火で加熱し、沸騰しておもりが勢いよく揺れ始めたら弱火にし、1分煮て火を消す。安全装置がおりるまで蒸らしてから、ふたをとる。

5 再び強火にかけ、汁が1/4になるまで煮つめる ⓓ。

ⓓ ふたをとって、煮汁を煮つめます。これで、メリハリのある味に仕上がります。

大根のふろふき風

大根は2cmの厚さに切るのがポイントです。混ぜるだけの即席ゆずみそは、覚えておくと絶対便利。

材料　2人分

- 大根 …………………… 300g
- 水 ……………………… 1/2カップ
- 和風だしのもと（顆粒）
  …………………… 小さじ1/4
- A
  - みそ ………… 小さじ2
  - 砂糖 ………… 小さじ2
  - 酒 …………… 小さじ1
  - ゆずの皮のすりおろし
    ………………… 小さじ1/4

1人分
52kcal
塩分 0.7g

作り方

1 大根は皮をむき、2センチ厚の輪切りにし、それを2つに切って、半月切りにする。

2 圧力鍋に大根、水、だしのもとを入れる。落としぶたをのせる。

3 ふたをセット → 1分加熱

ふたをセットして強火にかけ、沸騰しておもりが勢いよく揺れ始めたら弱火にし、1分煮て火を消す。

4 Aをへらなどでよく混ぜ合わせて、ゆずみそを作る。

5 安全装置がおりるまで蒸らしてから、ふたをあける。大根を器に盛り、ゆずみそをかける。

コロコロ和風ポトフ

素材の風味が溶け込んだスープが絶品。根菜をたっぷり食べたいときにどうぞ。

ムラカミ流 その場勝負！の 1分煮物

材料 2人分

- 牛赤身薄切り肉 ……… 100g
- 大根（2cm厚の輪切り）‥ 100g
- にんじん ……………… 50g
- ごぼう ………………… 50g
- れんこん ……………… 50g
- こんにゃく …………… 50g
- A
  - 水 …………… 1・1/2カップ
  - 和風だしのもと（顆粒） ………………… 小さじ1/2
  - しょうゆ ………… 小さじ2
- 万能ねぎ ……………… 2本
- 粉山椒 ………………… 少量

1人分
119kcal
塩分 1.3g

作り方

1. 牛肉は4cm幅に切り、1枚ずつ端からくるくると巻く。

2. 根菜はそれぞれ皮をむき、ごぼうは3cm長さに切り、にんじんは3cm長さでごぼうくらいの太さに切る。れんこんは4つ割りにして3cm長さに切り、こんにゃくと大根は一口大に切る。

3. **ふたをセット → 1分加熱**
   圧力鍋に1、2、Aを入れる。ふたをセットして強火にかけ、沸騰しておもりが勢いよく揺れ始めたら弱火にし、1分煮て火を消す。

4. 安全装置がおりるまで蒸してから、ふたをとる a 。椀に盛り、小口切りにした万能ねぎをのせて粉山椒をふる。

圧力鍋の煮物は、煮汁が踊らずに煮上がるので澄んだ汁に仕上がります。また、アクが散らずに鍋の縁に寄るので、めんどうなアクとりもいりません。

ラタトゥユ

野菜の水分だけで煮ます。水分が少ないときは、沸騰するまで中火にして、焦げつきを防ぎます。

材料 2人分

なす	1本
ズッキーニ	1本
赤パプリカ	1/2個
ピーマン	2個
トマト	1個
セロリ	1/2本
玉ねぎ	1/2個
にんにく	1かけ
赤とうがらし	1本
オリーブ油	大さじ1
塩	小さじ1/2
こしょう	少々
パセリのみじん切り	適量

1人分 114kcal　塩分 1.0g

作り方

1. なすは、2cm厚の輪切りにする。ズッキーニは、皮をしま状にむき、1.5cm厚の輪切りにする。赤パプリカとピーマンは種を除いて一口大の乱切りにする。トマトはへたを除いてざく切りにする。

2. 玉ねぎは1cm幅のくし形に切り、セロリは筋をとって2cm幅のぶつ切りにする。にんにくは、包丁の腹で押しつぶす。

3. 圧力鍋に、にんにくと赤とうがらしとオリーブ油を入れて強火にかけ、炒める。よい香りが立ったら1、2、塩、こしょうを加える ⓐ 。

ⓐ 野菜は次々に、入れるだけ。混ぜたり、炒めたりする必要はありません。

4. **ふたをセット → 1分加熱**
ふたをセットして中火で加熱し、沸騰しておもりが勢いよく揺れ始めたら弱火にし、1分煮て火を消す。安全装置がおりるまで蒸らしてから、ふたをとる。

5. 再び強火にかけて、野菜から出た汁を煮つめ、パセリのみじん切りを加える。

なすと豚ひき肉の煮物

煮くずれないのに、とろんとやわらかく煮上がります。お弁当のおかずにもおすすめです。

材料

- なす ………… 5本
- 豚ひき肉 ………… 100g
- しょうが ………… 薄切り4枚
- サラダ油 ………… 大さじ1
- 水 ………… 1/4カップ
- A
  - 砂糖 ………… 大さじ1
  - 酒 ………… 大さじ1
  - みそ ………… 大さじ1

1人分 203kcal　塩分 1.1g

作り方

1 しょうがはみじん切りにする。なすは3cm幅の斜め切りにする。

2 圧力鍋にサラダ油、しょうが、ひき肉を入れて強火にかけ、ほぐしながらひき肉がパラパラになるまで火を通し、なす、**A**、水を加える **a**。

a みそを加えたら、残りの調味料と水を加えます。みそはかたまりのまま加圧してしまい、ふたをとってから混ぜます。

3 ふたをセット → 1分加熱

ふたをセットし、中火強の火かげんにし、沸騰しておもりが勢いよく揺れ始めたら弱火にし、1分煮て火を消す。安全装置がおりるまで蒸らしてから、ふたをとる。

ムラカミ流 その場勝負！の 1分煮物

なすと干しえびの煮物

干しえびは乾いたままお鍋にポンッ！乾物を使うときは、落としぶたをして煮汁を含みやすくするのがポイントです。

材料　2人分

なす	4本
干しえび	小さじ2
A 水	1/2カップ
和風だしのもと（顆粒）	小さじ1/4
しょうゆ	大さじ1
酒	大さじ1
砂糖	大さじ1

1人分
61kcal
塩分 **1.2g**

作り方

1　なすはヘタを切り落とし、皮の両面に斜めに細かく切り目を入れる **a**。

なすに切り目を入れることで味がしみやすく、火の通りがよくなります。

2　圧力鍋にA、なす、干しえびを入れる **b**。

干しえびは、もどさずに乾いたまま加えます。圧力鍋なら1分加熱するだけで、やわらかくもどり、十分なうま味が出ます。

3　**ふたをセット → 1分加熱**

蒸し板を落としぶたの代わりにのせてふたをセットし **c**、強火で加熱する。沸騰しておもりが勢いよく揺れ始めたら弱火にし、1分煮て火を消す。安全装置がおりるまで蒸らしてから、ふたをとる。

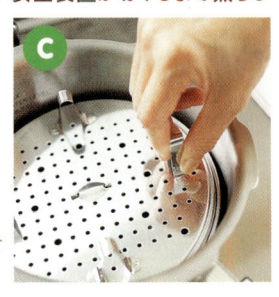

落しぶたの代わりにのせて、煮汁がよくまわるようにします。

4　器に盛って煮汁をかける。

ムラカミ流 その場勝負！の 1分煮物

じんわりおいしい！1分汁物

素材の持ち味が調和した具だくさん汁物です。
ごはんかパンを添えれば、おなかも心も大満足です。

豚汁

煮えかげんをみたり、アクをすくったりのめんどうな作業は一切ありません。素材の滋味がじんわりしみる一品です。

じんわりおいしい！ 1分汁物

材料 2人分

豚ロース薄切り肉	50g
豆腐	1/3丁(100g)
里芋	2個
にんじん	1/2本
ごぼう	7cm
長ねぎ	1/2本
A 水	1 1/2カップ
和風だしのもと（顆粒）	小さじ1/2
みそ	小さじ4
万能ねぎ	1本

1人分 146kcal
塩分 1.6g

作り方

1 豚肉は3cm長さに切る。豆腐は1.5cm角に切る。里芋は皮をむいて1cm厚の輪切りにし、大きいときはさらに2つに切る。にんじんは3mm厚の輪切りにする。ごぼうは笹がきにし ⓐ、水にさらし、水気をきる。長ねぎは1cm幅の斜め切りにする。

ⓐ ごぼうの笹がきは、ピーラーを使うとあっという間。

2 ふたをセット ➡ 1分加熱

圧力鍋に長ねぎ以外の1とAを入れ ⓑ、ふたをセットする。強火にかけ、沸騰しておもりが勢いよく揺れ始めたら弱火にし、1分煮て火を消す。

ⓑ 具とだしを入れたら、ふたをセットして火にかけます。

3 安全装置がおりるまで蒸らしてから、ふたをとる。再び火にかけて長ねぎを加え、みそを溶き入れて軽く温める ⓒ。椀に盛って小口切りにした万能ねぎを散らす。

ⓒ みその風味を生かしたいので、ふたをとってから溶き入れます。

いかけんちん汁

いかのうま味、ごま油の香りが食欲をそそります。ぜひ、一度お試しを。

材料　2人分

- いかのげそ（下処理したもの）……50g
- 豆腐…………2/3丁(200g)
- キャベツ…………50g
- にんじん（幅3mmの輪切り）……15g
- ごま油…………小さじ2
- 水…………1 1/2カップ
- A [酒…………小さじ2
　　和風だしのもと…小さじ1/2]
- みそ…………小さじ2
- 万能ねぎ…………4本
- 七味とうがらし…………少々

1人分　154kcal　塩分 1.4g

作り方

1. いかのげそは食べやすい大きさに切り離す。キャベツは一口大にちぎる。にんじんは1cm幅の短冊切りにする。万能ねぎは4cm長さに切る。

2. 圧力鍋にごま油と豆腐を入れて強火にかけ、泡立て器で豆腐をつきくずしながら炒める ⓐ。いかのげそ、キャベツ、にんじん、Aを加える。

> ⓐ 泡立て器は、豆腐をくずしながら炒めるのにも便利です。豆腐の水分をとばしたいので、チリチリいうまで十分に炒めます。

3. ふたをセット → 1分加熱

ふたをセットして強火にかけ、沸騰しておもりが勢いよく揺れ始めたら弱火にし、1分煮て火を消す。安全装置がおりるまで蒸らしてから、ふたをとる。

4. 再び火にかけて万能ねぎを加え、みそを溶き入れて軽く温める。椀に盛り、好みで七味とうがらしをふる。

石狩風里芋汁

じんわりおいしい！ 1分汁物

おかずがわりにもなる汁物です。火の通りの早い長ねぎは、ふたをとってから加えます。

材料　2人分

- 鮭（甘塩） …………… 1切れ
- 里芋 …………………… 3個
- 生しいたけ …………… 2枚
- A
  - 水 ……………… 1 1/2カップ
  - 和風だしのもと（顆粒） …………… 小さじ1/2
  - しょうゆ ……… 小さじ4
- 長ねぎ ………………… 1/2本

1人分
154kcal
塩分 1.8g

作り方

1 鮭は4つに切る。里芋は皮をむいて1cm厚の輪切りにする。生しいたけは石づきをとり、4つに切る。長ねぎは小口切りにする。

2 圧力鍋に長ねぎ以外の1とAを入れる。

▶ ふたをセット → 1分加熱

3 ふたをセットして強火にかけ、沸騰しておもりが勢いよく揺れ始めたら弱火にし、1分煮て火を消す。

4 安全装置がおりたらふたをとる。再び火にかけ、みそを溶き入れて軽く温め、長ねぎを入れる。

ミネストローネ

最近野菜不足だわ、と思ったときにぴったり。冷凍のミックスベジタブルを使えば、野菜を切る手間もいりません。

材料　2人分

ミックスベジタブル（冷凍）	150g
ほうれん草	100g
玉ねぎ	1/2個
ベーコンの薄切り	2枚
米	大さじ1
オリーブ油	大さじ1
水	1 1/2カップ
A ┌ 鶏がらスープのもと（顆粒）	小さじ1/2
├ 塩	小さじ1/4
└ こしょう	少々

1人分　208kcal　塩分 1.6g

作り方

1 ベーコンと玉ねぎはそれぞれ1.5cm角に切る。ほうれん草は幅1cmのざく切りにする。

2 圧力鍋を強火で熱し、オリーブ油を入れてなじませ、玉ねぎとベーコンを炒める。

玉ねぎとベーコンは炒めると、甘味とうま味が出ます。玉ねぎがすき通るまでよく炒めます。

3 玉ねぎがすき通ってきたら、米を加えてさっと炒め b 、水を注ぐ c 。凍ったままのミックスベジタブル、Aを加える。

米を加えるのは、自然なとろみを出すためです。洗わずに入れてOK。

水を注いで、鍋底にはりついたうま味をへらなどでざっとこそげとります。

4 ふたをセット → 1分加熱

ふたをセットし、強火で加熱して、沸騰しておもりが勢いよく揺れ始めたら弱火にし、1分煮て火を消す。

5 安全装置がおりるまで蒸らしてからふたをとり、ほうれん草を加えて軽く温める。

ほうれん草は仕上げに加えて、青みを生かします。

じんわりおいしい！1分汁物

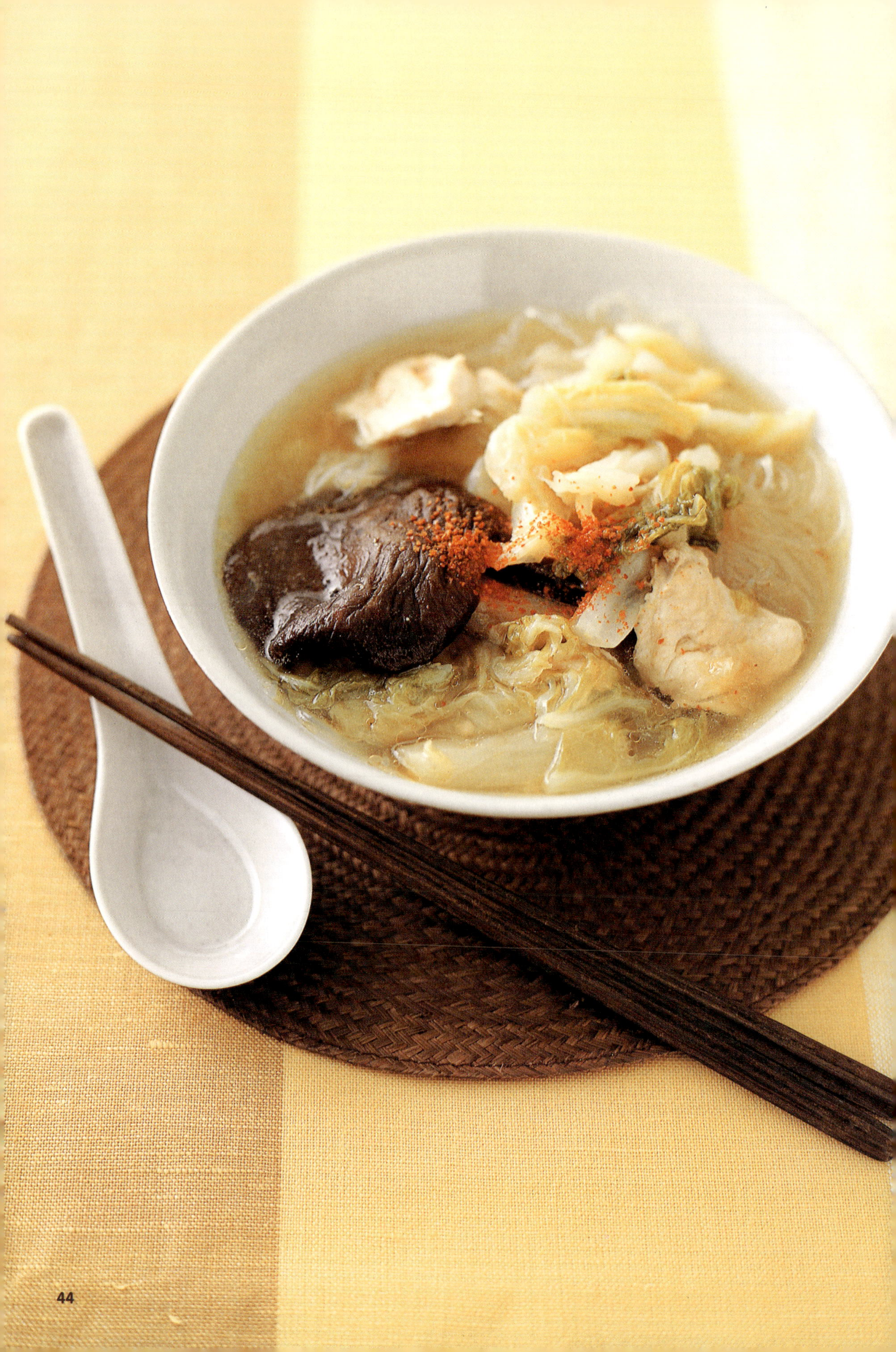

ピエンロウ

干ししいたけも春雨も乾いたまま使います。
不思議なほど、ほどよくふっくら煮上がります。

じんわりおいしい！1分汁物

材料　2人分

鶏むね肉（皮なし）	100g
白菜	300g
干ししいたけ	小4枚
春雨	乾20g
水	1 1/2カップ
A　和風だしのもと（顆粒）	小さじ1/2
しょうゆ	大さじ1
ごま油	大さじ1
酒	大さじ1
一味とうがらし	少々

1人分
194kcal
塩分 1.7g

作り方

1 鶏むね肉は一口大のそぎ切りにする。白菜は4cmの長さに切り、茎の部分は縦に2〜3等分する。干ししいたけは軸を指で折りとる**a**。

干ししいたけは水でもどさないで加えるので、かたい軸は折りとっておきます。圧力鍋なら1分加熱するだけで、やわらかくもどり、十分なうま味が出ます。

2 圧力鍋に鶏肉、しいたけ、白菜を重ねて入れ、**A**と水を加える**b**。いちばん上に春雨をのせる**c**。

具、調味料、水を鍋に投入。白菜などかさばる野菜は、圧力鍋の最高水位線を越えないように入れる量に注意します。

春雨は乾いたまま入れますが、加熱中に煮汁を吸いながらやわらかくもどります。

3 ふたをセット → 1分加熱

ふたをセットして強火にかけ、沸騰しておもりが勢いよく揺れ始めたら弱火にし、1分煮て火を消す。

4 安全装置がおりるまで蒸らしてから、ふたをとる。再び火にかけて軽く温め、椀に盛り、好みで一味とうがらしをふる。

チャウダー

鉄分豊富なあさりがたっぷり。貧血予防にもぴったりです。好みで砕いたクラッカーをトッピングしても。

材料　2人分

あさりのむき身	100g
玉ねぎ	100g
にんじん	30g
セロリ（根に近い部分）	50g
じゃが芋	150g
バター	大さじ1
鶏がらスープのもと（顆粒）	小さじ1/2
塩	小さじ1/4
こしょう	少々
牛乳	1カップ
かたくり粉	小さじ1
水	小さじ2
パセリのみじん切り	適量

1人分 277kcal　塩分 1.9g

作り方

1 あさりのむき身はざるにのせ、水1カップに塩小さじ1を溶かした塩水（分量外）の中でふり洗いして水気をきる。玉ねぎは粗いみじん切り、にんじんは5mm角に切る。セロリは筋をとり、5mm角に切る。じゃが芋は7mm角に切り、水でさっと洗って水気をきる。

2 圧力鍋にバターを熱し、玉ねぎを入れてすき通るまで炒める。にんじん、セロリ、じゃが芋、あさりのむき身、鶏がらスープの素、塩、こしょうを加えて牛乳を注ぐ。

3 ふたをセット → 1分加熱
ふたをセットして強火にかけ、沸騰しておもりが勢いよく揺れ始めたら弱火にし、1分煮て火を消す。

4 安全装置がおりるまで蒸らしてから、ふたをとる。再び火にかけて煮立ったところへ水溶きかたくり粉を加え、とろみがついたら火を消し、パセリを加える。

じんわりおいしい！1分汁物

ブリ大根汁

圧力鍋は、ふたをとれば普通のお鍋として使えます。ひと鍋で、ブリの湯通し、圧力調理をこなせます。

材料　2人分

- ブリのあら（かまなど）……200g
- 大根……200g
- A
  - 水……1 1/2カップ
  - しょうゆ……大さじ1
  - 酒……大さじ1
- しょうがのせん切り……適量

1人分
223kcal
塩分 1.4g

作り方

1 ブリのあらは、3〜4つに切る。熱湯に2〜3秒くぐらせ **a**、すぐに水にとり、血やぬめりを洗い落とし、水けをきる。

圧力鍋はふたをしなければ、熱伝導のよい片手鍋として使えます。魚の湯通しも圧力鍋を利用すれば、後片付けが楽です。

2 大根は、皮をむいて一口大の乱切りにする。

3 圧力鍋に1、2、Aを入れる **b**。

具、水、調味料を加えたら、ふたをセット。加圧時間1分を守れば、味のしみたブリ大根が失敗なくできあがります。

4 ▶ ふたをセット → 1分加熱
ふたをセットして強火にかけ、沸騰しておもりが勢いよく揺れ始めたら弱火にし、1分煮て火を消す。

5 安全装置がおりるまで蒸らしてから、ふたをとる。器に盛り、水にさらして水気をきったしょうがをのせる。

本格派の味！ 1分シチュー

煮込み料理でもお鍋につきっきりにならずに済むので、とっても楽。
そのうえ、めんどうなアクとりもしなくてよいので、うれしさ2倍。

くるくるビーフシチュー

薄切り肉をくるくる巻けば、コロコロお肉のできあがり。見た目も、味も正統派です。

本格派の味！1分シチュー

材料　2人分

- 牛薄切り肉 ……………… 200g
- サラダ油 ……………… 大さじ1
- 玉ねぎ ……………… 1/2個
- にんじん ……………… 1本
- マッシュルーム ……… 100g
- 水 ……………… 1 1/2カップ
- ビーフシチュールウまたは
  ハヤシルウ（市販品）‥2皿分
- パセリのみじん切り …… 適量

1人分
321kcal
塩分 **2.3g**

作り方

1　牛薄切り肉は、1枚ずつ端からくるくると巻く。

2　玉ねぎは1cm幅のくし形切り、にんじんは2cmの角切り、マッシュルームは石づきをとる。

3　圧力鍋にサラダ油、牛肉を入れて強火にかけ @、表面がきつね色になるまで炒める。2の野菜を加えて炒め ⓑ、水を注ぐ ⓒ。

ⓐ 牛肉は冷たい油から入れて焼くと、鍋に焦げつきません。表面はしっかり焼いて香ばしさを出します。

ⓑ 野菜は全体に油がまわる程度に炒めます。

ⓒ 水を加えたら、ふたをセット。

4　**ふたをセット → 1分加熱**

ふたをセットして強火で加熱し、沸騰しておもりが勢いよく揺れ始めたら弱火にし、1分煮て火を消す。

5　安全装置がおりるまで蒸らしてからふたをとり、ビーフシチュールウを加えてとろみがつくまで煮る。器に盛ってパセリをふる。

「ルウを加えるのはふたをとってから」は、圧力鍋クッキングの決まりです。（9、78ページ参照）

ブイヤベース

圧力鍋は、シーフードのうま味を引き出すのが得意。1分加圧で、ごちそうメニューのできあがりです。

材料　2人分

- A
  - たら　……………2切れ
  - 無頭えび　……殻つきのもの4尾
  - あさり　……殻つきで200g
- にんにく　……………1かけ
- 玉ねぎ　………………1/4個
- ローリエ　……………1枚
- オリーブ油　…………大さじ1
- B
  - 水　………………1/2カップ
  - トマトジュース　…1カップ
  - 塩　………………小さじ1/4
  - こしょう　………少々
  - カレー粉　………小さじ1

1人分
316kcal
塩分 **2.6g**

作り方

1 無頭えびははさみで脚を切り落とし背にはさみで切りこみを入れて、背ワタを除く。あさりは、砂抜きをした後、殻同士をこすり合わせて洗う。にんにく、玉ねぎはみじん切りにする。

2 圧力鍋にオリーブ油、にんにく、玉ねぎ、ローリエを入れて強火にかけ、いい香りが立つまで炒め、AとBを加える。

3 ふたをセット → 1分加熱

ふたをセットし、沸騰しておもりが勢いよく揺れ始めたら弱火にし、1分煮て火を消す。

4 安全装置がおりるまで蒸らしてからふたをとり、再び火にかけて軽く温める。

本格派の味！1分シチュー

作り方

1 圧力鍋に2カップの湯（分量外）を沸かし、鶏手羽元を入れ、ひと煮たちさせてアクが出たら、ざるへあげる ⓐ。鍋は湯を捨てて洗い、手羽元をもどし入れる。分量の水と昆布を加える。

鶏手羽を湯通しして、くさみや脂を落とします。このひと手間ですっきりした味わいのスープに仕上がります。

2 ふたをセット ⟶ 1分加熱
ふたをセットして強火にかけ、沸騰しておもりが勢いよく揺れ始めたら弱火にし、1分煮て火を消す。

3 安全装置がおりるまで蒸らしてから、ふたをとる。大きくちぎったキャベツを加えて再び火にかけ ⓑ、ひと煮する。

キャベツはふたをとってから加えます。シャキシャキ感を生かしたいので、煮すぎないようにします。

4 大根おろし、タバスコ、豆板醤を混ぜ合わせてもみじおろしを作る。ポン酢しょうゆともみじおろしを入れた小鉢にとり分ける。スープは湯のみなどにとり分ける。それぞれが小口切りにした万能ねぎ、塩、こしょう、ゆずこしょうで好みに調味していただく。

博多風水炊き

水炊きの味の決め手は、鶏がらだし。1分加圧するだけで、骨つき肉から濃厚なだしが引き出せます。

材料　2人分

鶏手羽元	約4本（200g）
水	2カップ
昆布	5×5cmのもの1枚
キャベツ	300g
ポン酢しょうゆ（市販品）	適量
大根（おろしておく）	150g
タバスコ・豆板醤	各少々
万能ねぎ・塩・こしょう・ゆずこしょう	各適量

1人分
150kcal
塩分 **2.6g**

材料　2人分

鶏もも肉（皮つき）	200g
玉ねぎ	1/2個
じゃが芋	1個
にんじん	1/2本
サラダ油	大さじ1
水	1 1/2カップ
ホワイトシチュールウ（市販品）	2皿分（40g）
パセリのみじん切り	少々

1人分
495kcal
塩分 1.7g

作り方

1 鶏肉は8等分に切る。玉ねぎは1cm幅のくし形切りにする。じゃが芋は6等分に切る。にんじんは7mm厚の輪切りにする。

2 圧力鍋にサラダ油と鶏肉を入れ、強火にかけて炒める ⓐ。肉の色が変わったら玉ねぎ、じゃが芋、にんじんを加え、水を注ぐ ⓑ。

ⓐ 皮にうっすら焼き目がついたら裏返します。表面を焼きかためることで、アク止めにもなります。

ⓑ 野菜と水を加えたら、ふたをセットします。

3 ふたをセット ➡ 1分加熱

ふたをセットして強火のまま加熱し、沸騰しておもりが勢いよく揺れ始めたら弱火にし、1分煮て火を消す。

4 安全装置がおりるまで蒸らしてから、ふたをとる。再び火にかけ、シチュールウを加えてとろみがつくまで煮る ⓒ。

ルウを加えるのは、ふたをとってから。温め直しをかねていただく直前にしても。

5 器に盛って、パセリをふる。

本格派の味！ 1分シチュー

チキンクリームシチュー

鶏肉がしっとりやわらかく仕上がるのは、圧力鍋の特徴の1つ。料理の腕が上がった気分です。

ポークビーンズ

オレガノの香りが効いてさっぱりとしたおいしさ。水煮大豆の缶汁はうま味たっぷり。余さず利用しましょう。

材料　2人分

大豆水煮缶詰	小1缶
（豆100g　汁を含めると180g）	
豚肉（とんカツ用）	1枚
玉ねぎ	1/4個
にんにく	1/2かけ
バター	大さじ1
トマトジュース	1カップ
塩	小さじ1/2
こしょう	少々
オレガノ	少々
パセリのみじん切り	小さじ1

1人分
222kcal
塩分 **2.0g**

作り方

1 豚肉は、1cm角に切る ⓐ。玉ねぎとにんにくは、みじん切りにする。

厚みのある肉でも、小さく切れば1分加熱で調理できます。

2 圧力鍋にバターと玉ねぎとにんにくを入れて強火にかけ、いい香りがするまで炒め、塩、こしょうを加える。

3 豚肉を加えて色が変わるまで炒め、トマトジュースを注ぎ、大豆を缶汁ごと加える。

4 ふたをセット → 1分加熱

ふたをセットして強火のまま加熱し、沸騰しておもりが勢いよく揺れ始めたら弱火にし、1分煮て火を消す。

5 安全装置がおりるまで蒸らしてから、ふたをとる。再び火にかけ、オレガノとパセリを加えて軽く温め ⓑ、器に盛る。

オレガノはふたをとってから加えて、香り豊かに。あれば生のものを。はさみを使うと便利です。

本格派の味！1分シチュー

ボルシチ

薄切り肉を使えば、ボルシチだってあっという間。最後に加えるレモン汁が味の決め手です。

材料　2人分

- 牛薄切り肉 ………………200g
- ビーツの水煮缶詰（スライスタイプ）………100g
- じゃが芋 ……………………1個
- 玉ねぎ ……………………1/2個
- キャベツ ……………………100g
- トマトペースト ……………50g
- サラダ油 ………………小さじ2
- 水　1 1/2カップ
- A
  - ビーツの缶汁 …1/2カップ
  - 塩 ………………小さじ3/4
  - 砂糖 ………………大さじ2
  - レモン汁 …………大さじ2
- パセリのみじん切り　適量

1人分　ごはんなしで　338kcal　塩分 2.5g

作り方

1. 牛肉は広げて4〜5cm角に切る。じゃが芋と玉ねぎは2cm角に切り、キャベツは4cm長さのせん切りにする。ビーツは7mm幅の細切りにする。

2. 圧力鍋にサラダ油と牛肉を入れ、強火にかけて炒める。肉の色が変わったら、じゃが芋、玉ねぎ、キャベツ、トマトペースト、水を加える。

3. **ふたをセット → 1分加熱**
   落としぶたをしてふたをセットする。強火のまま加熱し、沸騰しておもりが勢いよく揺れ始めたら弱火にし、1分煮て火を消す。安全装置がおりるまで蒸らしてから、ふたをとる。

4. 再び火にかけ、ビーツとAを加え、味がなじむまで煮る。器に盛ってパセリのみじん切りをふる。

目からうろこ！ 1分中華

圧力鍋で中華料理ができるなんて、大発見！
しかも、少ない油でおいしくできるヘルシーレシピです。

マーボー豆腐

大人も子供も大好きなマーボー豆腐が、いともかんたんにできあがり。豆腐がくずれないのも、圧力鍋うれしいところ。

目からうろこ！ 1分中華

材料　2人分

木綿豆腐	200g
豚ひき肉	100g
A しょうが	薄切り4枚
にんにく	1かけ
長ねぎ	10cm
豆板醤	小さじ1/2
サラダ油	大さじ1
水	1/2カップ
B 砂糖	大さじ1
酒	大さじ1
しょうゆ	大さじ1 1/2
かたくり粉	小さじ1
水	大さじ1

1人分　207kcal　塩分1.6g

作り方

1 豆腐は2cm角に切る。しょうが、にんにく、長ねぎはみじん切りにする。

2 圧力鍋にサラダ油とAを入れ、強火にかけて炒める ⓐ。よい香りが立ってきたら、ひき肉を加えてパラパラになるまで炒める。

> 香味野菜と豆板醤は冷たい油から炒めて、香りと辛味を引き出します。

3 Bと水を加え、豆腐を上にのせる ⓑ。

> 豆腐を上にのせたら、混ぜずにふたをセットします。

ふたをセット → 1分加熱

4 ふたをセットして強火のまま加熱し、沸騰しておもりが勢いよく揺れ始めたら弱火にし、1分煮て火を消す。

5 安全装置がおりるまで蒸らしてから、ふたをとる。

6 再び強火にかけ、水溶きかたくり粉を加えて混ぜ ⓒ、とろみがついたら火を消す。

> 圧力鍋を使うと豆腐がくずれません。水溶きかたくり粉は汁のあるところに加え、大きく混ぜます。

57

マーボーなす

圧力鍋なら2人分で大さじ1杯の油で作れます。低カロリーなので、ダイエット中でも安心です。

材料　2人分

なす	5本
豚ひき肉	100g
A　豆板醤	小さじ1/2
しょうが（薄切り）	4枚
にんにく	1かけ
長ねぎ	10cm
サラダ油	大さじ1
水	1/2カップ
B　しょうゆ	大さじ11/2
酒	大さじ11/2
砂糖	大さじ11/2
かたくり粉	小さじ1
水	大さじ1

1人分 **173kcal** 塩分 **1.6g**

作り方

1 なすは、幅2cmの斜め切りにする。しょうが、にんにく、長ねぎはみじん切りにする。

2 圧力鍋にサラダ油とAを入れ、強火にかけて炒める。いい香りが立ってきたら、ひき肉を加えてパラパラになるまで火を通し、なす、水、Bを加える。

3 ふたをセット ▶ 1分加熱

ふたをセットして強火のまま加熱し、沸騰しておもりが勢いよく揺れ始めたら弱火にし、1分煮て火を消す。

4 安全装置がおりるまで蒸らしてから、ふたをとる。再び火にかけ、煮立ったところへ水溶きかたくり粉を加えて混ぜ、とろみがついたら火を消す。

目からうろこ！ 1分中華

マーボー春雨

春雨がおいしい煮汁をたっぷり吸って、ごはんがすすむ一品に。

材料　2人分

豚ひき肉	100g
A　しょうが	薄切り4枚
にんにく	1かけ
長ねぎ	1/2本
サラダ油	大さじ1
春雨	乾50g
水	1カップ
B　しょうゆ	大さじ1
酒	大さじ1
砂糖	大さじ1
みそ	小さじ1
万能ねぎ	2本

1人分
221kcal
塩分 **1.2g**

作り方

1 春雨は、はさみで長さを半分に切る。しょうが、にんにく、長ねぎはみじん切りにする。

2 圧力鍋にサラダ油とAを入れ、強火にかけて炒める。いい香りがたってきたら、ひき肉を加えてポロポロになるまで火を通す。水を注ぎ、いちばん上に春雨をのせる **a**。

春雨は乾いたまま加えます。1分煮てふたをあけると、ちょうどよいやわらかさに煮上がります。

3 ふたをセット ➡ 1分加熱

ふたをセットして強火のまま加熱し、沸騰しておもりが勢いよく揺れ始めたら弱火にし、1分煮て火を消す。

4 安全装置がおりるまで蒸らしてから、ふたをとる。再び強火にかけ、Bを加えて混ぜながら軽く温め、小口切りにした万能ねぎを散らして火を消す。

煮豚と煮卵

直径4〜5cmと細めのかたまり肉なら、加圧2分で煮豚が作れます。

材料　2人分

豚ももかたまり肉	200g
サラダ油	小さじ2
ゆで卵	2個
水	1/2カップ
A　酒	大さじ2
しょうゆ	大さじ2
砂糖	大さじ2
しょうが（薄切り）	2枚
ねぎの青い部分	5cm

1人分　188kcal　塩分1.8g

作り方

1. 圧力鍋にサラダ油と豚肉を入れて強火にかけ、表面を色よく焼きつける。

2. A、水、殻をむいたゆで卵を加えて落としぶたをのせる。

3. **ふたをセット → 1分加熱**
ふたをセットして強火のまま加熱し、沸騰しておもりが勢いよく揺れ始めたら弱火にし、2分煮て火を消す。

4. 安全装置がおりるまで蒸らしてから、ふたをとる。再び強火にかけて煮汁を煮つめ ⓐ、つやが出たら肉にからめて火を消す。

ⓐ 圧力鍋は加熱中に煮汁が煮つまることはありません。最後にふたをとって、肉に煮からめるだけで、数段上のおいしさに仕上がります。

5. あら熱がとれたら豚肉は5mm厚の薄切りにし、ゆで卵は2つに切る。

手羽先の黒酢煮

手羽先がほろっと身離れよく煮上がります。最後に煮汁を煮つめると、メリハリのある味に。

目からうろこ！ 1分中華

材料　2人分

- 鶏手羽先　…………………6本
- しょうが　…薄切り4枚(皮つき)
- にんにく　………………1かけ
- サラダ油　……………小さじ2
- A ┌ 黒酢　………………大さじ2
　　├ しょうゆ　…………大さじ2
　　└ 砂糖　………………大さじ2
- 水　………………………1/2カップ
- 貝割れ菜　………………1パック

1人分　167kcal　塩分1.8g

作り方

1. 鶏手羽先は、ペーパータオルにはさんで水けをふく。にんにくはまな板にのせ、包丁の腹でおさえて軽くつぶす。

2. 圧力鍋にサラダ油、しょうがとにんにくを入れて強火にかける。いい香りが立ったら鶏手羽先を加え、両面を焼きつける。

3. A、水を加えて落としぶたをのせる。

ふたをセット → 1分加熱

4. ふたをセットして強火のまま加熱し、沸騰しておもりが勢いよく揺れ始めたら弱火にし、1分煮て火を消す。

5. 安全装置がおりるまで蒸らしてからふたをとり、煮汁を煮つめ、つやが出たら火を消す。

6. 器に盛り、貝割れ菜を添える。

浸水時間なし！ 3分ごはん

「どうしよう……、お米を研いでおくのを忘れちゃった！」という時でも大丈夫。
圧力鍋なら浸水時間なし、3分加圧でふっくらごはんが炊けます！

白ごはん

浸水時間0分で、ごはんが炊ける！
やわらかめが好みの方は水かげんで調整できます。

材料　2人分

米	1合
水	180ml

1人分　267kcal　塩分 0.0g

玄米ごはん

玄米も、浸水時間なしでOK。
お米の量が増えても、
加圧時間は変わりません。

材料　2人分

玄米	1合
水	235ml

1人分　263kcal　塩分 0.0g

浸水時間なし！ 3分ごはん

白ごはん●作り方

1 米は洗ってざるへ上げ、水気がきれたらすぐに圧力鍋に入れて分量の水を注ぐ ⓐ。

米は洗ったらすぐに水を加えて炊き始めます。浸水時間は0分です。

ふたをセット→3分加熱

2 ふたをセットして強火にかけ、沸騰しておもりが勢いよく揺れ始めたら弱火にし、3分加熱して火を消し、5分おく。

3 5分おいて安全装置がかかっていたら、水を張ったバットに鍋を5〜6cmの深さまでつけ ⓑ、蒸気を抜いてふたをとる。しゃもじでさっくりと全体を混ぜる。

水を張ったバットに鍋をつけると、あっという間に温度が下がるので蒸気が抜けます。

＊白米と水は、1：1の割合が基本。やわらかいごはんが好みの場合は水の量を少し増やし、沸騰後の弱火の加熱時間も30秒増やします。米の量が1カップ以下のときは、水の量を米の量の1.2倍量にします。

＊米の量が増えても、沸騰後の弱火の加熱時間は変わりません。

玄米ごはん●作り方

1 米は洗ってざるへ上げ、水気がきれたらすぐに圧力鍋に入れて分量の水を注ぐ。

ふたをセット→7分加熱

2 ふたをセットして強火で加熱する。沸騰しておもりが勢いよく揺れ始めたら弱火にし、7分加熱して火を消す。

3 安全装置がおりるまで蒸らしてふたをとり、しゃもじでさっくりと全体を混ぜる。玄米ごはんはさらに5分ほど蒸らすと美味。

＊玄米と水は、容量で1：1.3の割合です。玄米の量が1カップ以下と少ないときは、水の量を米の量の1.5倍にします。

＊玄米の量がふえても、沸騰後の弱火の加熱時間は変わりません。

豆ごはん●作り方

1 米は洗ってざるへ上げ、水気がきれたらすぐに圧力鍋に入れて分量の水、Aを加え、冷凍グリーンピースを凍ったまま加える。

ふたをセット→3分加熱

2 ふたをセットして強火にかけ、沸騰しておもりが勢いよく揺れ始めたら弱火にし、3分加熱して火を消し、5分おく。

3 5分おいて安全装置がかかっていたら、水を張ったバットに鍋を5〜6cmの深さまでつけて蒸気を抜いてふたをとる。しゃもじでさっくりと全体を混ぜる。

豆ごはん

グリーンピースから水分が出るので、水かげんは白米のときより控えめにします。

材料 2人分

米	1合
水	160ml
グリーンピース（冷凍）	70g
A ┌ 酒	大さじ1
│ 和風だしのもと（顆粒）	小さじ1/2
└ 塩	小さじ1/2

1人分 310kcal 塩分1.8g

材料　2人分

米	1合
ソーセージ	2本
いか（下処理したもの）	50g
あさり（砂抜きをしておく）	殻つきで100g
えび	4尾
玉ねぎ	1/4個
赤ピーマン	1個
にんにく	1/2かけ
オリーブ油	大さじ1
A ┌ サフラン	4本
水	120ml
塩	小さじ1/4
└ こしょう	少々
パセリのみじん切り	大さじ1
レモンのくし形切り	2切れ

1人分
441kcal
塩分 **1.7g**

作り方

1 玉ねぎと赤ピーマンは1cm角の色紙切りにし、ソーセージは縦に切り目を入れる。いかは格子状に細かく切り目を入れて、1.5×5cmの短冊に切る。えびは背にはさみで切りこみを入れて、背ワタを抜く。にんにくはみじん切りにする。

2 圧力鍋にオリーブ油とにんにく、玉ねぎ、赤ピーマンを入れ、強火にかけて炒める。いい香りが立ってきたらソーセージ、いか、えび、あさりを加えて火が通るまで炒め、とり出す ⓐ。

具だけ先に炒めてとり出します。こうすると、具そのもののおいしさも堪能できるパエリアになります。

3 圧力鍋をいったん火からおろし、米を洗わずにそのまま入れてへらなどで混ぜ、油となじませる ⓑ。混ぜ合わせたAを注ぐ。

鍋には炒めた魚介のうま味が出ています。うま味を米にまとわせるように炒めます。

4 🔵ふたをセット → 3分加熱

3にふたをセットして強火にかけ、沸騰しておもりが勢いよく揺れ始めたら弱火にし、3分加熱して火を消し、5分おく。

5 5分おいて安全装置がかかっていたら、水を張ったバットに鍋を5〜6cmの深さまでつけて蒸気を抜いてふたをとる。しゃもじでさっくりと全体を混ぜる。

6 器に盛り、2を彩りよく盛る。パセリを散らし、レモンを添える。

シンプル パエリア

むずかしい火かげんなしで、お米に少し芯が残ったアルデンテに仕上がります。

浸水時間なし！ 3分ごはん

65

チーズとアスパラのリゾット

アスパラの風味がお米に移って絶品の味に。卵とチーズのコクもたまりません。

浸水時間なし！3分ごはん

材料　2人分

米	1/2合
水	180ml
A　鶏ガラスープのもと(顆粒)	小さじ1/2
塩	小さじ1/4
グリーンアスパラガス	100g
オリーブ油	大さじ1
バター	大さじ1
B　卵(割りほぐす)	1個
粉チーズ	20g
こしょう	少々

1人分
331kcal
塩分 **1.7g**

作り方

1 米は、洗ってざるへ上げる。アスパラは根元のかたい部分を3cmほど切り落とし、穂先は4cm長さに、茎は2cm長さに切る。

2 圧力鍋にオリーブ油と米を入れ、中火にかけて炒める。米がすき通ってきたら、アスパラ、A、水を加える ⓐⓑ。

ⓐ アスパラは生のままザクザク切って加えます。
ⓑ 調味料、水を加えたらふたをします。 

3 ふたをセット ➡ 3分加熱

ふたをセットし、強火にして加熱し、沸騰しておもりが勢いよく揺れ始めたら弱火にし、3分煮て火を消し、5分おく。

4 5分おいて安全装置がかかっていたら、水を張ったバットに鍋を5〜6cmの深さまでつけて蒸気を抜いてふたをとる。バターを加えて混ぜて溶かし、Bを加えてねばりが出るまでさらに混ぜる ⓒ。

ⓒ 卵液を加えたら、手早く混ぜ合わせます。卵が半熟状になったらすぐ盛りつけます。

5 器に盛り、あれば粉チーズ少々(分量外)をふる。

おかゆ定食

旅館の朝食でいただくような、絶品おかゆが家庭で楽しめます。

材料　2人分

米 ……………… 1/2合（90ml）
水 ……………… 315ml

1人分
191kcal
塩分 **1.1g**

作り方

1. 米は洗ってざるに上げ、水気がきれたらすぐに圧力鍋に入れる。分量の水を注ぐ。

2. ふたをセット → 7分加熱
ふたをセットして強火にかけ、沸騰しておもりが勢いよく揺れ始めたら弱火にし、7分煮て火を消し、5分おく。

3. 5分おいて安全装置がかかっていたら、水を張ったバットに鍋を5〜6cmの深さまでつけて蒸気を抜いてふたをとる。

4. 器に盛り、温泉卵、塩昆布、ぬか漬けなどを添える。

※白かゆの米と水の割合は、容量で1：3.5です。

浸水時間なし！3分ごはん

中華がゆ

おかゆはとろり、ささ身はしっとり、ジューシーに。一度食べたら、やみつきになることうけあいです。

材料　2人分

米	1/2合
水	315ml
ごま油	小さじ1
鶏がらスープのもと	小さじ1/2
鶏ささ身	60g
チンゲン菜	100g

1人分
249kcal
塩分 **1.4g**

作り方

1 ささ身は、筋を除く。チンゲン菜は、5cmの長さに切り、根元は4〜6等分する。

2 米は洗ってざるに上げ、水気がきれたらすぐに圧力鍋に入れる。分量の水を注ぎ、鶏がらスープのもと、ごま油を入れ、ささ身をのせる ⓐ。

> おかゆの場合も、米は浸水時間0分でOK。チンゲン菜以外の材料を入れたら、ふたをセットします。

3 ふたをセット ⟶ 7分加熱

ふたをセットして強火にかけて、沸騰しておもりが勢いよく揺れ始めたら弱火にし、7分煮て火をとめ、5分おく。

4 5分おいて安全装置が上がっていたら、水を張ったバットに鍋を5〜6cm深さつけて蒸気を抜いてふたをとる。ささ身をとり出して、あらく割く。

5 チンゲン菜をおかゆに加えて、さっと火を通す。器に盛り、ささ身をのせる。

※白かゆの米と水の割合は、容量で1：3.5です。

もどさず使える！ 乾物で1分煮物

乾物は水でもどさないで1分加圧すればOK。時間も手間もかかりません。もう1品ほしいときに大助かりです。

切り干し大根の煮物

切り干しはさっと洗うだけですが、ふっくら煮上がります。サラダ油を少し加えると、コクが出ます。

もどさず使える！乾物で1分煮物

材料 2人分

切り干し大根	乾30g
ちくわ	1本
にんじん	1/2本
水	1/2カップ
A 酒	大さじ1
しょうゆ	大さじ1
サラダ油	小さじ1
和風だしのもと（顆粒）	小さじ1/2

1人分
102kcal
塩分 1.7g

作り方

1 切り干し大根は、たっぷりの水の中で手早くほぐしながらもみ洗いする。両手でざるにすくい上げてかたく絞り ⓐ、3〜4cm長さにざく切りにする。ちくわは3mm幅の小口切り、にんじんは4cmの長さで7mm角の細切りにする。

切り干し大根は洗ってごみを落としますが、水でもどす必要はありません。

2 圧力鍋にAを入れて水を注ぎ、切り干し大根をほぐして加え、ちくわとにんじんを加える。

3 ふたをセット → 1分加熱

落としぶたをのせてふたをセットする ⓑ。強火にかけ、沸騰しておもりが勢いよく揺れ始めたら弱火にし、1分煮て火を消す。

煮汁をよく含ませたいので、落としぶたをして煮ます。

4 安全装置がおりるまで蒸らしてから、ふたをとる。
※やわらかめに仕上げたいときは、沸騰後弱火にして3分煮ます。

ひじきの煮物

おふくろの味も1分加圧でらくらくできます。やわらかめにしたい時は、加圧時間を2分にします。

材料　2人分

ひじき	乾20g
油揚げ	1枚
にんじん	50g
絹さや	4枚
水	1/2カップ
A　しょうゆ	大さじ1
砂糖	大さじ2
ごま油	小さじ1
和風だしのもと(顆粒)	小さじ1/2

1人分　108kcal　塩分1.3g

作り方

1. ひじきは、2～3回水をとりかえながら、そのつど手ですくいあげてざるへ上げる。ボウルの底に砂が落ちなくなるまで、くり返す。長いときは4cmの長さに切る。にんじんは4cmの長さの短冊切り、油揚げは幅を2等分して、1cm幅の短冊切りにする。絹さやは筋をとって斜め切りにする。

2. 圧力鍋にひじきとにんじんと油揚げを入れて、A、水を加える。

3. **ふたをセット → 1分加熱**
落としぶたをのせ、ふたをセットする。強火にかけ、沸騰しておもりが勢いよく揺れ始めたら弱火にし、1分煮て火を消す。

4. 安全装置がおりるまで蒸らしてからふたをとり、絹さやを加えて加熱する。

5. 絹さやに火が通ったら火をとめ、器に盛る。

凍り豆腐と干ししいたけの煮物

凍り豆腐そのものの風味を堪能できます。干ししいたけを使うので、だしいらずのお手軽煮物です。

材料　2人分

凍り豆腐	2枚
干ししいたけ	4枚
絹さや	4枚
水	1/2カップ
A ┌ 酒	大さじ2
├ 砂糖	大さじ2
└ 塩	小さじ1/2

1人分 **128kcal** 塩分 **1.2g**

作り方

1　凍り豆腐をバットに入れて水を注ぎ、10分おいてもどす。両手にはさんでかたく絞る。1個を4つに切る。

2　絹さやは、筋をとって色よくゆでて冷水にとる。

3　圧力鍋にA、水を加える。凍り豆腐を重ならないように並べ入れ、脇に干ししいたけを入れる。落としぶたをする **a** 。

> 干ししいたけは乾いたまま使います。軸を折り取って煮てもよいですし、煮上がってから包丁で切り除いてもよいです。煮汁がいきわたるように、落としぶたをして煮ます。

4　**ふたをセット → 1分加熱**
ふたをセットして強火にかけ、沸騰しておもりが勢いよく揺れ始めたら弱火にし、1分煮て火を消す。

5　5分おいて、安全装置が上がっていたら水を張ったバットに鍋を5～6cmの深さまでつけて蒸気を抜いてふたをとる。器に盛って、ゆでた絹さやをそえる。

もどさず使える！乾物で1分煮物

圧力鍋クッキング、おいしく作る12のコツ

1 加圧時間は、タイマーで正確に計る

沸騰後の加圧時間は料理のできばえに大きく影響します。加圧時間が長すぎると、素材の歯ごたえがなくなったり、風味を損ねることになります。必ず、タイマーを用意して正確に時間を計りましょう。

2 火の通りやすいもの、香りを生かしたいものは、最後に加える

香りを楽しみたい素材や、万能ねぎや絹さやなど火の通りが早い素材は、ふたをとってから最後に加えます。

3 肉は冷たい油に入れて、炒め始める

本書で使用した3重構造の圧力鍋はたいへん熱伝導のよいつくりになっているため、十分に熱してから肉を入れると、肉が鍋にくっついてしまいます。加熱が急激に進むので、火にかける前に油と肉を入れ、それから加熱すると肉がくっついたり焦げついたりせずうまく調理できます。圧力鍋はその鍋によって熱伝導が多少異なりますが、圧力鍋で肉を炒めると焦げつくという方は、この方法をお試しください。

4 ひき肉は、しっかり火を通す

ひき肉は最初にしっかり火を通しておくと、特有のにおいやくせが抑えられます。パラパラになるまで、十分火を通しましょう。

5 薄切り肉は表面を焼きかためる

肉の表面をしっかり焼きかためてから煮ると、うま味が逃げず、肉そのものもおいしくいただけます。焼くことで、アクが出にくくなる効果もあります。

6 香味野菜でコクを出す

玉ねぎや香味野菜を炒めてから煮込むのは、短時間加熱でもコク不足にならないようにするためです。

7 早く沸騰させたいときは、水の代わりに熱湯を使う

沸騰までの時間を短縮したいときは、加える水を熱湯に替えてもかまいません。沸騰後の加熱時間は水の場合と同じです。

8 煮汁の少ない料理には、落としぶたを利用

落としぶたをすることで、少ない煮汁を効率よくいきわたらせることができます。また、材料の浮き上がりを防ぐこともできます。
圧力鍋用の蒸し板を利用すると、サイズがぴったりなので使いやすいのですが、お手持ちの落としぶたでもかまいません。
ただし、鍋の中は120℃近い高温になるので、ステンレス製かシリコン製のものがおすすめです。

9 アクとりは不要

圧力鍋は煮汁が踊らずに加熱できるため、浮き出たアクが煮汁に散ることなく、自然と鍋肌に寄ります。盛りつけの際、鍋肌のアクにさらわないようにさえすれば、アクとりをしなくてもすっきりおいしい煮物がいただけます。

10 煮つめて仕上げて、メリハリのある味に

圧力鍋は密封された状態で調理するので、水分の蒸発はほとんどありません。むしろ野菜などの素材から水分が出て、汁けが増えることがあります。
このままでは、ぼやけた味になってしまうので、ふたをあけてから余分な汁けを煮つめてください。これで、メリハリのある味に仕上がります。

11 分量が増えても、沸騰後の加圧時間は変わらない

圧力鍋は材料が2倍になっても、沸騰後の加圧時間は半量のときと変わりません。本書のレシピは2人分の材料で加圧時間1分のものがほとんどですが、4人分で作っても加圧時間は1分のままです。ただし、沸騰するまでの時間と蒸らし時間は多少長くなります。

12 使用後は、パッキングをはずして保管すると、においがこもらない

ふたの内側のパッキングは、圧力鍋の密閉度を高めるためのもの。使用後は、パッキンをはずして適度なすき間を作り、ふたを逆さにして本体にかぶせて収納しておくと、においがこもりません。

圧力鍋、使い方の注意！

1. 材料は、絶対に最高水位線以上入れない

圧力鍋は材料の入れすぎは禁物です。圧力鍋の内側に、「最高水位線」という表示があります。材料、調味料、水分を含めて最高水位線以下にとどめます。
乾物の豆から煮豆を作る際は、煮るとカサが増えるので水と豆を合わせて「豆るい線」以下にします。

2. 空焚きは、厳禁

普通の鍋と同様、空焚きは鍋を傷めるうえ、危険です。

3. 重曹、大量の油や酒は入れない

圧力鍋は、加圧状態で調理します。重曹は熱が加わると猛烈に泡立ちますし、大量の油は高温になりすぎるのと、圧を逃がす「蒸気孔」が詰まりやすくなります。酒は蒸発したアルコールに引火するおそれがあり、危険です。

4. 市販のルウは、ふたをとってから加える

強いとろみがあるものや、のり状のねばりがあるものに圧力をかけて調理すると、圧を適度に逃がすために設けられている蒸気穴などに付着して穴がふさがるおそれがあります。市販のルウや水溶きかたくり粉などは、必ずふたをとってから加えます。

5. 火にかけている間は、鍋から離れない

鍋を火にかけている間は、決して鍋から離れないでください。万が一、吹きこぼれたり、蒸気の出方に異常が出たらすみやかに火をとめ、そのまま圧力が下がるのを待ちます。絶対に、あわてて水をかけたりしないでください。

圧力鍋、
使用前のチェックポイント

1. 圧力調整装置（フィルター、ノズル、おもり）

●フィルター
穴詰まりはないか、汚れが付着していないかをチェック。
付属の掃除ピンを通して行います。

●ノズル
穴詰まりはないか、
のぞいて見るか付属の掃除ピンを通して確認します。

●おもり
汚れが付着していないか、外側と内側の両面をチェック。

2. パッキング

圧力鍋を使ったら、毎回パッキングをとりはずして中性洗剤で洗ってください。
ふたと本体を完全に密着させるのに必要なので、使用時は必ず装着してください。

3. 安全装置（フロート弁）

汚れが付着していないか、上下にスムーズに動くかどうかチェックします。

村上祥子
（むらかみさちこ）

料理研究家。管理栄養士。東京と福岡にクッキングスタジオを主宰し、テレビ出演、公演、商品開発など休むことなく精力的な活動で日本全国を飛び回る、空飛ぶ料理研究家。食べる総合的学習として教育現場で子どもたちに「お料理手品」を、3才児にはミニシェフクラブ親子クラスを、シニア向けには「1人分でもおいしくできる一汁二菜」など、健康な食生活・食べ力(たべぢから)をつけることへの提案に情熱を注ぐ。

村上祥子のホームページ
日本版：http://www.murakami-s.com/index.htm
アメリカ版：http://www.sachikocooking.com

大好評ロングセラー！ 村上祥子の本

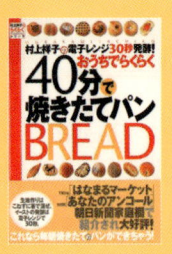

**村上祥子の電子レンジ30秒発酵！
おうちでらくらく40分で
焼きたてパン**
生地はこねずに箸で混ぜ、
イーストの発酵は電子レンジでたったの30秒。
パン作りの常識を変えちゃいました！(1400円)

**村上祥子の
電子レンジらくらくパン作り**
電子レンジでパン作りの第2弾！
家庭では難しかったクロワッサンの作り方や、
手作りしたパンの冷凍・解凍法も。(1260円)

**村上祥子の
電子レンジらくらく栄養スープ**
電子レンジを使えば、
短時間で簡単にスープができる。
食欲のないとき、
忙しい朝になどお勧めのレシピを43点。(1365円)

**4つの素材でこんなにできちゃう！
村上祥子のお料理手品**
たまご、牛乳、おいも、ごはん。
不思議、この4つから手品みたいにお料理ができるよ…
親子で読める、食育レシピ。(1575円)

(株)ムラカミアソシエーツ
　柿崎朋子　大島吏加　須川佳映
　古城佳代子　泉田英子

撮影 ● 岡本真直
アートディレクション ● 大藪胤美（フレーズ）
ブックデザイン ● 河内沙耶花　横地綾子（フレーズ）
イラスト ● 大野早苗
スタイリング ● 吉岡彰子
編集 ● こいずみきなこ

圧力鍋協力　　(株)ワンダーシェフ
http://www.wonderchef.jp/

圧力鍋1分 加圧で
手作りカレー

2007年2月5日　初版第一刷発行

著者 ● 村上祥子

発行者 ● 木谷仁哉
発行所 ● 株式会社ブックマン社
　http:www.bookman.co.jp
　〒101-0065　東京都千代田区西神田3-3-5
　Tel 03-3237-7784
　Fax 03-5226-9599

印刷・製本 ● 図書印刷株式会社
ISBN978-4-89308-655-6

定価はカバーに表示してあります。
乱丁、落丁はお取り替えいたします。許可なく複製・転載することび部分的にもコピーすることを禁じます。

©Sachiko Murakami 2007 Printed in Japan.